Wildes Lesen

Roman in Einfacher Sprache

Spaß am Lesen Verlag
www.spassamlesenverlag.de

Autorin: Marion Döbert
Redaktion: Julia Werner
Druck: Melita Press, Malta

© 2018 | Spaß am Lesen Verlag, Münster.

ISBN 978-3-944668-76-5

Marion Döbert

Wildes Lesen

Roman in Einfacher Sprache

Schwierige Wörter oder Ausdrücke sind underline{unterstrichen}. Die Erklärungen stehen in der Wörter-Liste am Ende des Buches.

Inhalt

Anders

Ben steht um sechs Uhr auf.
Wie jeden Morgen.
Draußen ist es immer ruhig um diese Zeit.
Aber heute ist es anders.

Männer rufen:
„Höher, höher!
Weiter nach rechts!
Pass auf!
Nicht zu nah an den Mast!
Noch höher!"

Verwundert öffnet Ben die Vorhänge.
Direkt vor seinem Fenster steht ein großer Kran.
Er trägt eine Säule aus hellem Metall.
Wie ein Sende-Mast sieht das aus.
Ein riesiger Sende-Mast.
Mit dem Kran wird er hochgezogen.
Hinauf auf das Dach von der Sparkasse.
Gleich gegenüber von Bens Wohnung.

Rund um den Mast sind Schüsseln befestigt.
Wie Satelliten-Schüsseln für Fernseher.
Darunter sind eckige Dinger.
So ähnlich wie Lautsprecher.
An den Seiten hängen schwarze Kabel herunter.

Ganz oben ragt eine Spitze in den Himmel.
Eine Spitze aus Metall, wie ein Blitz-Ableiter.

„Hässlich!", denkt Ben.
„Wie hässlich das aussieht."

Damals wusste er noch nicht:
Dies war erst der Anfang.
Der Anfang von einem Leben,
das keinem Menschen mehr selbst gehören sollte.

In der Bibliothek

Ben sieht auf seine Uhr.
Er hat den Männern zu lange zugesehen,
als sie den Mast auf dem Dach angebracht haben.
Er muss jetzt sofort losgehen,
Sonst kommt er zu spät zur Bibliothek.

Vielleicht schließt Jenny ja schon auf.
Seine Mitarbeiterin freut sich immer,
wenn sie vor ihm da ist.
Am liebsten begrüßt sie ihn mit einem
Morgen-Kaffee.
„Sie sind doch nicht meine Kaffee-Sekretärin",
sagt Ben dann immer.
Aber Jenny mag Ben.
Und Ben ist nun mal der Chef.
Seit 20 Jahren leitet er die Bibliothek.

Jenny ist seine rechte Hand.
Sie gibt ihm Tipps,
wenn er neue Bücher kauft.
Sie kümmert sich um die Mitarbeiter in der
Buch-Ausleihe:
Toni, Maria und Sonja.

Ben liebt seine Arbeit über alles.
Denn Ben liebt Bücher.

Bücher sind für ihn wie Reisen in andere Welten.
Es sind Reisen in schöne Geschichten.
Reisen in wunderbare, zarte Worte.
Worte wie *Schmetterling* oder *Haut*.
Bücher sind auch Reisen in Abenteuer.
In schreckliche Kämpfe:
im Wilden Westen, im Krieg oder gegen Ungeheuer.
In Büchern ist alles möglich.
Wenn Ben ein Buch nicht mag,
legt er es weg.
So einfach kann man sich das Leben schön machen.
Oder in Gedanken kämpfen.
Auch für eine bessere Welt.

„Der Kaffee ist fertig!"
Genau, wie Ben es sich gedacht hat:
Jenny ist schon vor ihm da.
„Sie sind ein Schatz", sagt Ben.
Und Jenny strahlt,
wie fast jeden Morgen.

Aber plötzlich sieht sie sehr ernst aus.
„Haben Sie das schon gesehen, Ben?
Dieses Ungetüm auf unserem Dach?"

„Sie wollen doch nicht sagen,
dass bei uns auf dem Dach so ein Sende-Mast
steht?"

„Doch", sagt Jenny.
„Genau so ein Ding wie auf dem Dach vom Aldi.
Auf dem Gebäude vom Museum steht auch
schon eins.
Und auf dem Krankenhaus stehen gleich sechs.
Wie Pilze sind die aus der Erde geschossen."

Nein, nicht wie Pilze, denkt Ben.
Das hier wird von Menschen-Hand gemacht.
Aber von wem?
Und warum?
Da fällt ihm der neue Präsident ein …

„Überwachungs-Pilze", sagt Toni, um Jenny
zu ärgern.
„Bestimmt sind da Mikrofone drin und Kameras.
Die beobachten dich, wenn du in der Nase
bohrst."

„Du spinnst", sagt Jenny.
„Du liest zu viele Bücher.
Können wir jetzt hier mal arbeiten?
Da vorne warten schon die Leute."

Die Brille

Mittagspause.
Ben Berger schaut in Jennys Büro.
„Ich geh mal rüber zum Optiker", sagt er.
„Ich brauche eine neue Lese-Brille.
Bin gleich zurück."
Jenny nickt und beugt sich über ihre Bücher.

Beim Optiker begrüßt ihn die Verkäuferin.
„Schön, dass Sie bei uns reinschauen, Herr
Berger.
Was kann ich für Sie tun?"
„Meine Brille ist kaputt.
Ich habe sie gesucht und dann im Sessel
gefunden.
Da hatte ich mich schon drauf gesetzt."
Die Verkäuferin grinst.
„Macht nichts, Herr Berger.
Wir haben jetzt ganz neue Brillen.
Brillen mit schöner Aussicht.
Sie werden staunen."

Die Verkäuferin reicht ihm das erste Modell.
„Was ist denn das?", ruft Ben überrascht.
„Da ist was, rechts oben in der Ecke.
Das ist doch kein Dreck.
Das ist ja ...

Das ist ja ein Film."

„Ja", sagt die Verkäuferin stolz.
„Wie ich schon sagte:
Brillen mit schöner Aussicht.
Sie können sich den Film aussuchen.
Mit dem Knopf hinten am Gestell.
Mögen Sie vielleicht Berge oder lieber Wälder?"

Ben nimmt die Brille von der Nase.
„Ich möchte, ehrlich gesagt,
nur eine ganz normale Lese-Brille."
Die Verkäuferin nickt.
„Genau. Die haben Sie ja in der Hand."
„Nein", sagt Ben.
„Ich möchte nur eine Lese-Brille.
Eine ohne schöne Aussicht."

„Oh, Herr Berger", sagt die Verkäuferin.
„Das tut mir sehr leid.
Aber das Sortiment wurde geändert.
Es gibt jetzt nur noch diese Brillen.
Unsere *Präsidenten-Brille*.
Alle Brillen haben jetzt schöne Aussicht.
Das ist doch lustig, oder?
Man muss ja auch mit der Zeit mitgehen."

Ben steht auf.

„Dann gehe ich lieber in ein anderes
Brillen-Geschäft.
Nehmen Sie es mir bitte nicht übel.
Aber ich möchte lesen und keine Filme dabei
sehen."

„Tja", antwortet die Verkäuferin.
„Da werden Sie wohl kein Glück haben.
Es werden nur noch diese Brillen hergestellt.
Vielleicht finden Sie ja noch ein altes Modell.
Irgendwo auf einem Floh-Markt."

Ben hört ihren Unter-Ton in der Stimme.
Sie spricht von oben herab.
So, als wäre er einer von gestern.
Einer, der nicht mitmacht.
Ein Spaß-Verderber.

Beim Bäcker

Einige Wochen später deckt Ben den
Frühstücks-Tisch.
Käse, Butter, Marmelade, Vollkorn-Brot.
Als er das Brot sieht, denkt er an den Duft von
frischen Brötchen.
Wie lange habe ich die schon nicht mehr gegessen?
Immer fehlte die Zeit dazu.
Aber heute will ich frische Brötchen haben.
Endlich mal wieder!

Als Ben den Laden betritt, begrüßt der Bäcker
ihn freundlich.
„Herr Berger! Sie habe ich ja schon Jahre
nicht mehr gesehen."
„Jahre? Das ist vielleicht übertrieben.", antwortet
Ben.
„Aber es stimmt: Ich war schon lange nicht mehr hier.
Die Bibliothek, die Arbeit … Na, Sie wissen ja."

„Wie?", fragt der Bäcker überrascht.
„Die gibt es noch? Die Bibliothek?
Ich dachte, die hätten sie dicht gemacht.
Die Leute von der neuen Regierung."

„Nein, nein", winkt Ben ab.
„Sie ist nur für eine gewisse Zeit geschlossen.

Allerdings, das muss ich zugeben, schon etwas länger.
Wir hatten einen Wasser-Schaden.
Und die Reparatur dauert so lange.
Also, die haben noch nicht einmal damit angefangen.
Ich bin auch schon sehr ungeduldig.
Aber der Mann von der Behörde sagt immer:
Was glauben Sie, um was wir uns hier alles
kümmern müssen?
Der Schaden muss erst einmal aufgenommen werden.
Dann müssen wir nach dem besten Angebot suchen.
Für die Reparatur.
Und außerdem: Es gibt Wichtigeres
als so ein paar Bücher.
Das ärgert mich natürlich sehr.
Aber was soll ich tun?"

„Erst mal frische Brötchen essen, Herr Berger.
Und dann sehen wir uns bestimmt wieder öfter."

Als Ben sich zuhause ein Brötchen schmiert,
muss er an das Gespräch beim Bäcker denken:
„Die Bibliothek?
Ich dachte, die hätten sie dicht gemacht.
Die Leute von der neuen Regierung ..."

Ben hatte sich so auf die Brötchen gefreut.
Aber jetzt bleibt ihm der Bissen fast
im Halse stecken.

Der Fleck

Seit Monaten hatte Ben ein seltsames Gefühl.
Seit dem Fleck an der Decke in einem Lese-Raum.
Der Fleck war nicht groß.
Er sah ein bisschen aus wie ein Wasser-Fleck.
Aber woher sollte der kommen?

Es gab keine Wohnungen über den Lese-Räumen.
Keine Wohnungen mit Waschmaschinen.
Es konnte also gar kein Wasser von oben in die
Bibliothek kommen.
Das Dach war dicht. Die Fenster auch.
Der Bau wurde immer wieder überprüft.
Und seltsam war:
Der Fleck war so plötzlich da.
Von einem auf den anderen Tag.
Als hätte jemand mit Absicht …

„Nein, das kann nicht sein", denkt Ben.
Aber dann erinnert er sich an den Mann von
der Behörde.
Ben musste den Fleck der Stadt-Verwaltung melden.
Der Mann von der Behörde kam vorbei.
Er sah sich den Fleck an und sagte nur:
„Wasser-Schaden. Kann gefährlich werden.
Rohr-Bruch. Bücher kaputt. Gesundheits-Gefahren.
Die Bibliothek muss erst mal geschlossen werden."

„Gesundheits-Gefahren?", hatte Ben gefragt.
„Wieso und für wen?"
Seine Fragen waren lästig für den Mann von der
Behörde.
Der brummte nur:
„Asbest. Vielleicht sind Asbest-Fasern in der Decke.
Sehr gefährlich.
Die Fasern gehen sofort in die Lunge.
Und dann kommt der Krebs. Irgendwann.
Das hier muss untersucht werden.
Alles muss aufgebrochen werden.
Decken, Wände, alles.
So lange darf keiner in die Räume.
In die Büros schon, die sind ja ganz unten.
Und Sie müssen ja auch weiter arbeiten.
Aber Kunden kommen hier nicht mehr rein.
Keine Buch-Ausleihe, kein Lesen in den Lese-Räumen."

Ben hatte ihn entgeistert angesehen.
„Was sollen wir denn ohne Kunden arbeiten?
Und wie lange soll das dauern?"
Der Mann von der Behörde zuckte mit den
Schultern:
„Wochen oder Monate. Vielleicht auch ein Jahr.
Hängt davon ab, was die Fach-Leute sagen."

Seitdem hat Ben dieses seltsame Gefühl.
Diese kalte Ahnung, dass hier etwas nicht stimmt.

Der Berater

„Die Menschen sollen mich lieben", sagt
der Präsident.
„Und wenn sie mich nicht lieben,
dann bringe ich es ihnen bei.
Mit allen Mitteln."

Sein Berater, Herr Sandig, nickt.
„Sie sollten auf Reisen gehen, Herr Präsident.
Reisen in die verschiedenen Städte.
Dahin, wo die Menschen sind.
Sie sollten die Bürgerinnen und Bürger aufsuchen.
Sie sollten Geschenke verteilen.
Brot und Spiele, das wirkt immer.
Die Leute müssen was zu essen haben.
Und sie müssen abgelenkt werden."

„Zu essen hat doch jeder", sagt der Präsident.
„Ja, sicher", meint der Berater.
„Aber nicht das Richtige.
Die Leute müssen das Richtige zu essen und zu
trinken bekommen."
„Und was wäre das Richtige?", fragt der Präsident.
Der Berater beugt sich zu ihm hinüber.
„Alles, was die Menschen unbeweglich macht.
Körperlich unbeweglich, aber auch hier oben."
Dabei tippt er mit seinem Zeige-Finger an den Kopf.

Der Präsident grinst.

„Verstehe."

Der Berater fährt fort:

„Sie sollten gewisse Steuern abschaffen.
Für süße Getränke und für die passenden
Lebens-Mittel."

„Die passenden Lebens-Mittel?", fragt der Präsident.

„Ja", sagt der Berater. „Für alles, na sagen wir,
für alles, was gut ansetzt."

„Sie meinen, für alles, was dick macht?", fragt der
Präsident.

„Ja, genau", sagt der Berater.

„Ich wollte es nur nicht so direkt sagen.

Zucker, Weiß-Mehl, Fett.

Pizza, Pasta, Soßen, Chips.

Dazu die Süß-Getränke.

Die Packungen müssen größer werden.

Und das Ganze gibt es dann zu Schleuder-Preisen.

Die Angaben auf den Packungen müssen
unleserlich werden.

Je weniger die Leute lesen,
desto weniger wissen sie.

Desto weniger können sie urteilen."

„Ja", stöhnt der Präsident.

„Da müssen wir unbedingt dran gehen.

An das Lesen. Die Leute informieren sich zu viel.

Für Informationen werde nur noch ich
zuständig sein.
Ich und meine Regierung."

„Einfach wird das nicht", sagt Sandig.
„Wir müssen es schaffen,
die Leute unbeweglich zu machen.
Wenn wir sie ablenken und beschäftigen,
dann könnte das klappen.
Wir müssen die Menschen vereinzeln.
Gruppen sind immer schädlich.
Da wird zu viel geredet oder sogar diskutiert.
Jeder für sich in seinem <u>stillen Kämmerlein</u>.
Das ist das Ziel.
Vereinzeln!
Die Leute aus der Öffentlichkeit vertreiben.
Bewegung unterbinden.
Und vor allem Begegnung verhindern.

Wissen Sie, Herr Präsident,
wir müssen die Leute ans Spielen bringen.
Sie süchtig machen nach Spielen, Filmen,
Kurz-Infos.
Dann kriegen sie nichts mehr mit.
Nichts mehr von dem, was um sie herum passiert.
Wir haben doch diese *Präsident-Smartphones*.
Über die könnten wir das hinbekommen.
Chips, Süß-Getränke und *Präsident-Smartphones*.

Das sind doch schöne Geschenke.
Deshalb, Herr Präsident, sollten Sie auf Reisen gehen."

Pläne

„Wen besuchen wir in diesem Jahr noch?",
fragt der Präsident.
„Eine Nerven-Klinik", sagt Sandig.
„Eine was?", fragt der Präsident.

„Früher hat man Irren-Anstalt dazu gesagt",
erklärt Sandig.
„Das sagt man aber nicht mehr.
Es ist eine Einrichtung für Menschen, die ...
Wie soll ich sagen?
Für Leute, die nicht ganz richtig sind."

Der Präsident versteht nicht.
„Richtig ist, was ich sage", sagt er.

Der Berater reibt seine Hände gegeneinander.
„Herr Präsident, es geht nicht um richtig oder falsch.
Sondern um das, was im Kopf ist.
Und manche sind eben nicht ganz richtig im Kopf."
„Also falsche Hunde", sagt der Präsident. „Feinde?"
„Nein, nein", sagt Sandig.
„Das sind Menschen, die können gar keine
Feinde sein."
„Wieso nicht?", fragt der Präsident.
„Weil sie in einer ganz anderen Welt leben",
antwortet Sandig.

Der Präsident versteht ihn immer noch nicht:
„Ich denke, die sind in der Nerven-Klinik?"

Der Berater sucht weiter nach Worten.
„Also, die Menschen in der Nerven-Klinik
sind sehr verschieden. Eigentlich sind sie krank",
sagt der Minister.

„Pocken? Masern? Vogel-Grippe?", fragt der
Präsident entsetzt.
„Da gehe ich nicht hin.
Alles ansteckend.
Hochgradig ansteckend.
Wir verändern das Besuchs-Programm."

Aber der Berater lässt nicht nach.
„Nein, nein, Herr Präsident.
Nichts Ansteckendes.
Die Menschen sind nur seelisch krank."
„Seele?", fragt der Präsident.
„Damit will ich nichts zu tun haben."

„Es ist alles ganz harmlos", sagt der Minister.
„Und es wäre gut,
wenn Sie hingehen würden.
Das lässt Sie menschlich erscheinen.
Außerdem ist der Leiter der Klinik ein gewisser
Jakob Hausmann.

Das ist der Sohn von *Präsident-Smartphones*.
Also der Sohn von dem Firmen-Inhaber.
Wenn Sie weiter die Smartphones günstig in
Auftrag geben wollen …“
„Ah, ich verstehe“, sagt der Präsident.
„Geschäfte gehen vor.
Wann ist der Termin in dieser Irren-Anstalt?“
„Am Ende des Jahres.“

Sirenen

Keiner zählt mehr die Monate,
seitdem die Bibliothek geschlossen wurde.
Ben und den anderen Mitarbeitern kommt es
unendlich lang vor.

Toni, Maria und Sonja ordnen die Bücher.
Von links nach rechts.
Und von rechts nach links.
Sie wischen Staub von den Regalen.
Staub, der schon längst weggewischt war.
Ben hat ihnen erlaubt, zu lesen.
Er hat ja keine Arbeit für sie.
Ben sieht auch weg,
wenn Jenny sich ihre Nägel feilt.
Auf die Fragen seiner Mitarbeiter hat er keine
Antwort.
Er weiß nicht, wann es weitergeht.
Die Stimmung ist gedrückt.
Auch beim Kaffee-Trinken.

„Sie haben die Schul-Büchereien geschlossen",
sagt Sonja.
„Was?" Toni verschluckt sich fast am heißen Kaffee.
Sonja hat sonst immer neue Bücher zu den
Schulen gebracht.
„Die Behörde sagt:

Unsere Bücher machen krank."

Jenny sieht Sonja ungläubig an.
„Spinnen die?
Wieso sollen Bücher krank machen?"
Sonja erzählt, was sie rausbekommen hat:
„Die sagen, dass in unseren Büchern
Schimmel-Pilze sind.
Wenn die Kinder die einatmen, werden sie krank.
Außerdem fassen so viele Kinder die Bücher an.
Deshalb würden auch Krankheiten übertragen."

„Wer hat sich das denn ausgedacht?", fragt Jenny.
„Seit wann kriegt man Masern vom Lesen?"
„Vielleicht meinen die Läuse", lacht Toni bitter.
„Oder Ratten. Lese-Ratten."

Ben Berger ist empört.
„In unseren Büchern war noch nie Schimmel.
Wir lagern die doch trocken.
Genau bei der richtigen Temperatur.
Und die Bücher werden ständig gepflegt."

„Ja", sagt Sonja. „Aber die Behörde meint:
Durch den Wasser-Schaden kommt Schimmel
in die Bücher.
Und mit den Büchern kommen die Krankheiten.
Und jetzt haben die Eltern Angst um ihre Kinder."

Eine laute Sirene unterbricht ihr Gespräch.
„Hui-hui-hui-huiiiii!"
Dann tönt durch den Laut-Sprecher eine Stimme:

„Der Präsident begrüßt seine Bürger.
Freuen Sie sich auf das heutige Sonder-Angebot.
Kaufen Sie in den neuen *Präsident-Shops*.
Zum Einkauf gibt es gratis ein Smartphone dazu.
Und wie immer: ein Süß-Getränk und
Knabber-Chips.
Der Präsident tut alles für seine Bürger.
Tun Sie alles für Ihren Präsidenten."

Jenny erinnert sich an Tonis Sprüche,
als die ersten Kontroll-Türme aufgestellt wurden.
Alle dachten damals noch:
Das sind nur Sende-Masten.
Für schnelles Internet.

„Ich finde diese Durchsagen furchtbar", sagt Jenny.
„Jedes Mal erschrecke ich mich wegen der Sirene.
Kürzlich war sogar nachts eine Durchsage:
'Der Präsident begrüßt seine Bürger.
Sie können nicht schlafen?
Dann nutzen Sie Ihr *Präsident-Smartphone*.
Spielen Sie das neuste 'Spiel zur Nacht'.
Der Präsident tut alles für seine Bürger.
Tun Sie alles für Ihren Präsidenten.'

Die Durchsagen nerven einfach.
Und jede volle Stunde geht ein Schein-Werfer an.
Wofür? Weiß keiner.
Wie soll man dabei schlafen?"

„Kommt doch alles noch viel schlimmer", sagt Sonja.
„Habt ihr noch nicht die riesigen Bilder
am Himmel gesehen?
Nachts, diese Bilder, die künstlich erzeugt werden?
Bilder, die sie in den Augen entstehen lassen."

„Was du dir wieder ausdenkst", grinst Toni.
„Du mit deinem Verfolgungs-Wahn."

„Nein, Toni, das ist echt wahr.
An den hohen Gebäuden sind jetzt Projektoren.
Damit werden Bilder aus Licht erzeugt.
Bilder, die unser Auge auf der Netz-Haut speichert.
Die brauchen nicht einmal mehr eine Leinwand.
Das Bild entsteht direkt in deinem Auge.
Das muss man sich mal vorstellen.
Die Bilder sind riesig groß am Nacht-Himmel.
200 Meter hoch und 200 Meter breit.
Da willst du dir die Sterne ansehen
und glotzt in das Gesicht vom Präsidenten.
Oder du siehst das Logo der *Präsident-Shops*.
Oder Reklame für die *Präsident-Smartphones*.
Ich kann überhaupt nicht mehr richtig schlafen.

Ständig diese Bilder, die Sirenen, die Durchsagen."

„Wenigstens haben wir noch unsere Bücher",
versucht Ben zu trösten.
Alle zucken zusammen.
Weil er das Wort „noch" gesagt hat.
Weil niemand mehr weiß,
wie lange die Bücher *noch* bleiben.
Und weil niemand weiß,
was *noch* alles geschehen wird.

Museum

Ben Berger winkt zu Jenny ins Büro.
„Ich fahre jetzt zum Museum rüber.
Mit dem Leiter dort habe ich schon lange nicht
mehr gesprochen.
Mal sehen, wie Ole Albers das Ganze einschätzt."
Jenny winkt zurück:
„Grüßen Sie Herrn Albers von mir."

Ben parkt den Wagen hinter dem Museum.
Hinter dem großen Museum für alte und
neue Kunst.
Erst denkt er: Es ist Montag.
Montags ist das Museum geschlossen.
Dann ist der Park-Platz so leer wie jetzt.
Aber heute ist doch Mittwoch.
Da ist er sich ganz sicher.
Eigentlich müsste der Park-Platz voll mit Autos sein.
Seltsam, denkt Ben.

Als er durch die Eingangs-Tür ins Museum gehen
will, sieht er ein Schild:
Geschlossen!
Für Besichtigungen bitte beim Haus-Meister klingeln.
Beim Haus-Meister?
Ben schüttelt den Kopf.
„Was machen Sie hier?", fragt jemand streng.

Ben dreht sich um.

„Ich möchte zum Leiter, zu Herrn Albers."

„Gibt es hier nicht."

„Bitte?"

Ben fällt fast aus allen Wolken.

„Den Leiter. Ich möchte den Chef
vom Museum sprechen.

Ole Albers. Den müssen Sie doch kennen."

„Kenne ich nicht", brummt der Haus-Meister.

„Was wollen Sie noch?"

Ben überlegt kurz.

Er muss jetzt unbedingt da rein.

Er will wissen, was da vor sich geht.

„Ich will mir die neue Ausstellung ansehen.

Wie komme ich in das Museum?"

„Mit mir", sagt der Haus-Meister.

„Gibt es denn kein Personal mehr?", fragt Ben.

„Ich meine, arbeitet hier niemand mehr?"

„Wieso niemand?

Bin ich niemand?", sagt der Haus-Meister
ungeduldig.

„Sie sind der Haus-Meister?", fragt Ben vorsichtig.

„Ich bin hier alles, verstehen Sie?", sagt der
Haus-Meister.

Ben nickt.

Es ist wohl besser, zu schweigen.

Ben kennt das Museum noch aus der Zeit,
als er ein Kind war.
Er war immer besonders gerne in dem Saal
für Statuen.
Große Figuren stehen dort. Aus Marmor oder
Sand-Stein.
Götter-Figuren, Engel, Frauen.

Als Jugendlicher mochte er vor allem die Frauen.
Nackte Frauen-Körper in Stein gehauen.
Manchmal konnte er es nicht sein lassen:
Dann hat er heimlich an einer Brust gefühlt.
Oder eine Po-Backe gestreichelt.
Aus kaltem Marmor.
Dabei wurde ihm ganz heiß.

„Wo sind … wo sind die ganzen Statuen?"
Ben verschlägt es fast die Sprache.
„Wo sind die Bilder?"
Ben dreht sich in dem Raum.

Er läuft von Saal zu Saal.
„Wo sind die alten Vasen?
Der antike Schmuck?
Wo sind die modernen Bilder?
Hier ist ja alles leer.
Wo sind die ganzen Sachen?"
Fast schüttelt er den Haus-Meister vor Aufregung.

„Verkauft!", sagt der nur, und schweigt.

Ben ist ganz verzweifelt.
„Aber an der Tür steht doch auf dem Schild:
Für Besichtigungen bitte beim Haus-Meister klingeln.
Was soll man denn hier besichtigen?"

„Alles", brummt der Haus-Meister.
„Sie müssen nur die Brille aufsetzen."

„Die Brille?"
Ben sieht sich in dem Saal um.
Da entdeckt er in der Ecke ein schwarzes Ding.
Ein Ding, das wie eine Kamera aussieht.
Oder wie eine Maske.
Wie eine Mischung aus beidem.
„Das da?", fragt er.

„Was sonst", sagt der Haus-Meister.

Ben zieht sich das schwarze Ding über den Kopf.
Im Fernsehen hat er so etwas schon gesehen:
Brillen, durch die man eine
künstliche Wirklichkeit sieht.
Brillen wie Gesichts-Masken.
Eher wie ein Gesichts-Kasten.
Alles sieht dadurch echt aus.
Wie in Filmen, nur noch echter.

So, als könnte man alles anfassen.
Mit der Brille geht der Mensch wie mitten
durch das Bild.
Der Mensch wird Teil dieser künstlichen Welt.
Alles andere bleibt da draußen.

Als Ben die Brille aufsetzt,
verliert er sofort die Orientierung.
Er sieht nicht mehr,
wo er steht und wohin er geht.
Da draußen, in der echten Wirklichkeit.
Der Haus-Meister drückt ihm ein Smartphone
in die Hand.
Und Kopf-Hörer.

Ben setzt sich die Kopf-Hörer auf.
„Immer auf diese Taste hier drücken", brummt
der Haus-Meister.
Dabei legt er Bens Finger auf eine Taste am
Smartphone.

Ich muss aussehen wie ein Idiot, denkt sich Ben.
Voll verkabelt und ausgeliefert.
Warum mache ich dieses Theater mit?

Aber dann sieht er plötzlich die Statuen im Saal.
Mit der Brille sind sie wieder da.
Wie hingezaubert.

Künstlich erzeugt:
die Götter-Figuren, die Engel, die Frauen.
Sie sehen so echt aus.

Er geht um sie herum.
Um die Figuren aus Sand-Stein und Marmor.
Aber der Sand-Stein ist nicht warm.
Und der Marmor ist nicht kühl.
Wenn Ben danach greift,
dann greift er ins Leere.
Er kann nicht den schönen Busen fühlen.
Auch nicht den runden Po.
Er fasst nur in die Luft.
Unbeholfen, wie ein Blinder.

„Weiter!", sagt der Haus-Meister.
Er zieht Ben an einem Kabel hinter sich her.
Wie einen Hund.
So geht es von einem Saal in den anderen.
Der Haus-Meister macht die Führung.
Er hasst diesen Job.
Am liebsten würde er die Besucher
vor die Wände laufen lassen.
Aber bald ist das hier ja alles vorbei.

Schlaflos

Ben reißt sich plötzlich den Kasten vom Kopf.
Auch die Kopfhörer zieht er von den Ohren.
„Mir ist schwindelig", sagt er zum Haus-Meister.
„Und es reicht mir."
Nur aus Höflichkeit sagt er dann noch: „Danke."

Beim Ausgang sagt der Haus-Meister:
„Sie bekommen noch ein Paket.
Ein Geschenk des Präsidenten.
Für die letzten Besucher von diesem Museum."
„Für die letzten Besucher?", fragt Ben.
„Ja. Auch für den Allerletzten.
Also für Sie."

Der Haus-Meister stellt ein Paket auf den Tisch.
„Was ist da drin?", fragt Ben.
„Und warum bekommt man dieses Paket?"

Der Haus-Meister hat keine Lust mehr auf
Bens Fragen.
Ungeduldig antwortet er:
„Das ist das *Kunst-für-Zuhause-Paket*.
Die Brille ist da drin und ein Smartphone dazu.
Natürlich ein *Präsident-Smartphone*.
Ab jetzt gibt es nur noch Kunst für Zuhause.
Das Museum wird ab morgen geschlossen.

Das Gebäude ist schon verkauft.
Hier kommt ein Sonnen-Studio rein.
Und eine Spiel-Halle."

In der Nacht kann Ben nicht schlafen.
Das *Kunst-für-Zuhause-Paket* liegt auf dem
Küchentisch.
Ben hat es nicht ausgepackt.
Wo ist Ole Albers?, fragt er sich.
Ole ist seit vielen Jahren auch ein Freund von Ben.
Was wird jetzt nur aus ihm?
Ohne sein Museum?
Ohne seine Arbeit?
Und warum ist er nicht zu erreichen?
Ben hat den ganzen Abend versucht, ihn anzurufen.

Plötzlich schreckt Ben zusammen.
„Hui-hui-hui-huiiiii!"
„Der Präsident begrüßt seine Bürger.
Sie können nicht schlafen?
Dann nutzen Sie Ihr *Präsident-Smartphone*."
Ben hält sich die Ohren zu.
Aber es nützt nichts.
„Spielen Sie das neuste 'Spiel zur Nacht'.
Der Präsident tut alles für seine Bürger.
Tun Sie alles für Ihren Präsidenten."

Ben schlägt wütend das Fenster zu.

In dem Moment sieht er es:
Das riesige Bild am Himmel.
In der Luft, über den Häusern.
Das Gesicht des Präsidenten.
Wie eingraviert in Bens Augen.
Selbst als er die Augen schließt,
bleibt das Bild noch immer zu sehen.
Sie haben die Daten auf seiner Netz-Haut
gespeichert.

Der LKW

Eines Tages fährt ein LKW vor.
Er parkt direkt vor der Bibliothek.
Ein Mann steigt aus.
„Guten Tag", begrüßt er Jenny.
„Robert Roll ist mein Name."

Erstaunt sieht Jenny auf.
Hier war schon lange kein Mensch mehr.
Die Bibliothek ist von den Menschen vergessen.
Die Kinder lesen nicht mehr.
Sie haben Sprach-Roboter.
Mit denen lernen die Kinder jetzt.
Zuhause, nicht mehr in den Schulen.
Die Schulen haben sie geschlossen.
Aus Kosten-Gründen, heißt es.
Die Gebäude wurden verkauft.
Der Staat braucht Geld.
So heißt es immer wieder.

Vielen Eltern ist das ganz recht.
So brauchen sie die Kinder nicht mehr zu fahren.
Zur Schule hin. Von der Schule nach Hause.
Sie brauchen auch nicht mehr mit den Kindern
zu spielen.
Das macht der Roboter.
Niemand braucht mehr nach draußen zu gehen.

Wie angenehm!

So richtig gerne geht sowieso keiner mehr
aus dem Haus.
Das ist viel zu mühsam.
Schon mehr als die Hälfte der Menschen
haben Übergewicht.
Die Kinder mitgezählt.
Das Gehen fällt schwer.
Die Knochen tun weh.
Als erstes die Füße.
Das Herz rast.
Der Atem geht schwer.
Es ist leichter, Zuhause zu bleiben.
Einkaufen kann man von dort aus.
Sparkassen und Banken gibt es nicht mehr.
Geld-Geschäfte werden online gemacht.
Mit den *Präsident-Smartphones*.
Das ist sogar auch kostenlos.

Die Parks wurden geschlossen.
Wegen der hohen Kosten.
Erst hatten die Gärtner die Beete nicht mehr
gepflegt.
Der Müll blieb liegen.
Und so kamen die Ratten.
In die Parks ging dann keiner mehr.
Da wurden die Parks geschlossen.

Die Kinos auch.

Dafür gibt es jetzt *Präsident-Heimkino*:

Tolle Action-Filme.

Jeden Tag und auf allen Sendern:

Mörder jagen Opfer.

Polizisten jagen Mörder.

Außer-Irdische fressen Männer.

Frauen werden vergewaltigt.

Kinder entführt.

Immer ist was los.

Und alles kostenlos.

Nur der Präsident, der ist der Fels in der Brandung.

Nach jedem Katastrophen-Film sagt er:

„Machen Sie sich keine Sorgen.

Der Präsident sorgt für Sie."

Die Autos fahren seit einiger Zeit von alleine.

Man muss nur einsteigen und sagen:

„Ziel: Flug-Hafen" oder „Ziel: Oma".

Aber das macht keiner.

Der Flug-Hafen ist geschlossen.

Aus Kosten-Gründen.

Und Oma wird auf Skype besucht.

Das reicht auch.

Oma wird nicht einfacher, je älter sie wird.

Sie sagt immer:

„Wir müssen uns mal wieder *in echt* sehen."

Keiner weiß, was sie damit meint.

Es geht ihr doch gut, in ihrem modernen Zuhause.
Ein Geschenk des Präsidenten an alle über 60:
Voll automatische Wohnungen.
Schicke Pflege-Roboter.
Und dann haben die Alten immer noch was
zu jammern.
Nicht einmal Chips will sie mehr essen, die Oma.
So undankbar können Staats-Bürger sein.
So hat es der Präsident einmal gesagt.

Jenny schreckt aus ihren Gedanken auf.
„Entschuldigung", sagt sie zu Robert Roll.
„Was wünschen Sie?"
„Die Bücher", sagt Robert Roll.
„Ich soll die Bücher abholen."

„Die Bücher?", fragt Jenny.
„Was für Bücher denn?"
Robert Roll sieht sie zögernd an.
Dann sagt er:
„Alle."

Der Auftrag

Robert Roll ist Chef von einem LKW-Unternehmen.
Er hat 20 Fahrer.
Aber er fährt auch noch selbst.
Nur Büro-Arbeit, das ist nichts für ihn.

Das Geschäft läuft gut.
Es gibt immer weniger Läden.
Der Bäcker musste schließen.
Der Metzger auch und der Getränke-Laden.
Die Leute bestellen online.
Über die *Präsident-Smartphones*.
Alles wird bestellt im *Präsident-Net*.
Rolls Wagen liefern die Waren aus.
So, wie viele andere Firmen auch.
Auf den Straßen gibt es fast nur noch
Liefer-Wagen.

Manchmal fahren noch Leute mit einem
Präsident-Auto.
Mit einem der selbst fahrenden Autos.
Es gibt sogar Leute,
die damit bis ans Meer fahren wollen.
Sie steigen ein und sagen:
„Ziel: Meer."
Aber dann blinkt es heftig, auf dem Bild-Schirm:
„Error! Fehler! Error! Fehler!"

Der Präsident will nicht,
dass die Menschen ans Meer fahren.
Denn das Meer hat einen weiten Horizont.
Ein Blick über das Meer erzeugt vielleicht
Sehnsucht.
Dann wollen die Leute vielleicht woanders hin.
Oder sie fangen an zu träumen.
Und denken sich dabei eine andere Welt aus.
Oder sie spüren vielleicht Gefühle.
Gefühle wie lieben oder hassen und alles,
was dazwischen ist.
Solche Sachen mag der Präsident überhaupt nicht.
Und überhaupt mag er das Wort *vielleicht* nicht.

Deshalb hat der Präsident angeordnet:
„Kein Horizont!
Kein Meer!"
Er lässt die Autos überwachen.

Ein Mensch, der ans Meer will,
der kommt nie dort an.
Und auch nie wieder bei sich zuhause.

Eines Tages hat Robert Roll den Anruf bekommen:
„Der Präsident hat einen großen Auftrag für Sie."
Robert zuckt zusammen, bei den Worten:
Der Präsident.
Er hält nicht viel von diesem Mann.

Er hält überhaupt nichts von solchen Menschen.

Von Menschen, die alles beherrschen wollen.

Die alles überwachen.

Die in anderen Menschen nur Feinde sehen.

Er hält nichts von Menschen, die mächtig sein wollen.

Die aber nichts anderes als Angst-Hasen sind.

Weil sie nichts und niemanden lieben.

Vor allem nicht sich selbst.

„Um was für einen Auftrag handelt es sich?",

fragt Robert Roll.

Er weiß: Er muss höflich bleiben.

Ohne die Regierung gibt es keine Aufträge.

Und er selbst hat Verantwortung.

Für seine Mitarbeiter und für seine Familie.

Wer sich anlegt mit den Behörden,

der kann sein Leben vergessen.

Am Telefon hat er alles zu dem Auftrag erfahren.

Von dem Mann aus der Behörde:

„Die Bibliothek wird geschlossen.

Bücher braucht kein Mensch mehr.

Zeitungen haben wir schon ersetzt.

Durch unseren Nachrichten-Dienst *Präsident-Daddel*.

Damit geht alles viel schneller.

Alles ist kürzer und spannender.

Dann vergessen die Leute auch schneller wieder.

Deshalb wollen wir jetzt auch die Bücher ersetzen.

Ab sofort gibt es *Präsident-Geschichten*.
Sehr unterhaltsam. <u>Digital</u>.
Die kann man direkt auf dem Smartphone lesen.
Aber wir wollen ganz vom Lesen wegkommen.
Das ist altmodisch.
Und die Wissenschaft sagt:
Lesen schadet den Augen.
Wir brauchen die Augen aber für andere Dinge.
Na, Sie wissen schon.
Wir werden eher auf Filme setzen.
Filme, die wir in den Augen herstellen.
Filme, die wir immer steuern können.
Das ist auch sehr gut für die innere Sicherheit.
Wir lassen ja nicht alles zu,
was man da zu sehen bekommen könnte.
Also, kurz und gut:
Bücher brauchen wir nicht mehr.
Der Bestand wird aufgelöst."

„Was heißt das?", fragt Robert Roll.
„Eigentlich gibt es da nichts zu fragen", sagt der
Mann von der Behörde.
„Auflösen heißt auflösen.
Abholen. Wegbringen. Abliefern."
„Und wohin sollen die Bücher geliefert werden?",
fragt Roll.
„In die MVA", sagt der Mann von der Behörde.
Robert Roll fragt vorsichtshalber noch einmal nach.

Er unterdrückt das Entsetzen in seiner Stimme.

„Ja, ja, Sie haben richtig verstanden.

MVA!

Die Mitarbeiter dort wissen Bescheid.

Sie können mit dem Auftrag beginnen.

Gleich morgen.

Sorgen Sie dafür,

dass die Aktion kein Aufsehen erregt."

Sturz in die Tiefe

Ben hört Jennys Schritte auf der Treppe.
Warum läuft sie denn so schnell?
Alles in diesem Haus ist langsam geworden.
Seit dem Wasser-Schaden damals.
Jeder geht in sein Büro.
Jeder sucht sich etwas zu tun.

Toni blättert in Büchern.
Oder lernt Gedichte auswendig.
Sonja will am liebsten etwas schreiben.
Aber die Behörde hat den Computer ausgetauscht.
Jetzt gibt es nur noch Tasten ohne Buchstaben.
Bild-Tastaturen:
Statt Buchstaben gibt es Lach-Gesichter.
Heul-Gesichter, Gesichter mit Brille, mit Herzen.
Oder einfach nur Fratzen.
Seitdem schreibt Sonja wieder mit Stift auf Papier.
Sie schreibt die Gedichte auf, die Toni aufsagt.
Oder ihre eigenen kleinen Texte.
Ihre Wünsche ans Leben.

Maria versucht, in einem Buch zu lesen.
Es ist ein Buch in Geheim-Schrift.
In einer Schrift, die niemand kennt.
Und die niemand bis heute entschlüsselt hat.

Maria fragt die anderen:
„Warum schreibt jemand ein Buch in einer Schrift,
die keiner kennt?
Warum schreibt einer seitenlang auf,
was doch kein Mensch lesen kann?"

„Vielleicht, weil der Inhalt zu gefährlich ist",
sagt Toni.
„Oder zu wahr."

„Das kann ja auch dasselbe sein", meint Sonja.
„Die Wahrheit ist doch oft gefährlich.
Jedenfalls, wenn man die Wahrheit sagt
und dafür ins Gefängnis kommt.
Ist doch in manchen Ländern so.
Wer will denn dann schon die Wahrheit sagen?
Oder hören?"

Toni grinst: „Unser Präsident jedenfalls nicht.
Deshalb gibt es ja den Geheim-Dienst.
Und andere erfinden dann Geheim-Schriften.
Um sich heimlich wehren zu können.
Gegen den Präsidenten zum Beispiel.
Oder gegen den Geheim-Dienst.
Aber bisher wehrt sich ja keiner."

„Warum sollten wir uns wehren?", fragt Jenny.
„Bei uns kommt doch keiner ins Gefängnis.

Hier kann doch jeder sagen, was er will, oder?"

Toni sieht ernst in die Runde.
„Nein, Leute.
Bei uns ist es viel schlimmer.
Wir kommen nicht ins Gefängnis,
wenn wir etwas sagen.
Wir sind schon im Gefängnis.
Denn wir werden nur noch sagen,
was die in unsere Köpfe bringen.
Die Daten, die sie in uns speichern.
So, wie die Bilder auf unserer Netz-Haut.
Die Bilder, die wir nachts am Himmel sehen.
So werden wir bald leben, sprechen,
denken, sterben."

Jenny grinst.
„Und du hast mal gesagt,
ich hätte einen Verfolgungs-Wahn."

So geht es Tag für Tag in der Bibliothek.
An manchen Tagen mag keiner etwas tun.
Weil keine Menschen mehr kommen.
Keine Kinder.
Keine Alten.
Niemand mehr.
Der Tag verläuft wie in Zeit-Lupe.
Zäh und langsam.

Deshalb ist Ben so überrascht,
als Jenny die Treppe zu seinem Büro hinauf rennt.
Ohne anzuklopfen reißt sie die Tür auf.
Atemlos ruft sie:
„Sie holen die Bücher!"

Ben läuft ans Fenster.
Unten sieht er den LKW stehen.
Er läuft zurück ins Zimmer.
„Wer?", fragt er nur.
Jenny weint: „Die Regierung."
Ben schnappt nach Luft.
„Wohin bringen sie die Bücher?"
Jenny kann ihm nicht in die Augen sehen.
Die Antwort wird ihn am Boden zerstören.

Ben fasst Jenny fester an den Schultern.
„Wohin? Sagen Sie es mir!
Wohin kommen die Bücher?"
Sie versucht, sich aus seinem Griff zu lösen.
„Sagen Sie es mir, Jenny!"
Er schüttelt sie noch fester.

Da bricht es aus ihr raus:
„In die MVA.
In die Müll-Verbrennungs-Anlage.
Die Bücher sollen verbrannt werden."

Bens Hände werden eiskalt.
Auf der Stirn steht ihm der Schweiß.
Er zittert.
Er läuft.
Jenny schreit: „Nein!
Nein, Ben!"
Sie versucht,
ihn noch am Ärmel festzuhalten.
Aber er ist schon am Fenster.
Und er springt ...

Die Einweisung

Jenny will es den anderen sagen.
Aber es wurde schon über die Nachrichten
gedaddelt:

Leiter der Bibliothek will sich Leben nehmen.
Sprung aus dem Fenster ohne Glück.
Überlebt. Einweisung in Nerven-Klinik.

„Was sind denn das für Nachrichten?", fragt Toni.
„Das sind keine Nachrichten.
Das sind Wort-Köttel", schreit Sonja und schlägt
auf den Tisch.
„Um die Leute zu verarschen.
Jede Nachricht in 100 Zeichen.
Mehr ist nicht erlaubt.
Wie willst du damit sagen,
was sie mit Ben Berger gemacht haben?
Was hier alles vorgefallen ist?
Wie willst du mit 100 Zeichen die Wahrheit sagen?"

Sonja tritt gegen die leeren Regale.
„Alles rotten die hier aus.
Und ganz zum Schluss kommen die Menschen dran:
Du und ich und wir alle!"

„Wenigstens lebt Ben noch", sagt Toni.

„Wir können doch noch froh sein.
Es hätte ganz anders kommen können.
Der hat Schwein gehabt.
Knochen-Brüche. Prellungen.
Gehirn-Erschütterung.
Aber das geht vorbei.
Hauptsache, er lebt."

„Ja", sagt Maria, „aber wie?
In die Anstalt haben Sie ihn eingeliefert.
In die Klapse.
Was soll Ben denn da zwischen den ganzen Irren?"

Jenny versucht, sie zu beruhigen.
„Erstens ist das keine Anstalt,
sondern eine Klinik.
Zweitens sagt man nicht Klapse,
sondern Nerven-Klinik.
Drittens sind da keine Irren,
sondern kranke Menschen.
Und Ben ist auch krank.
Er konnte nicht mehr.
Der war völlig fertig.
Der Sprung, das war sein Kurz-Schluss.
Ben hat versucht, bis zum Ende durchzuhalten.
Auch wegen uns.
Aber Nacht für Nacht lag er wach.
Ben war fertig mit den Nerven.

Geht uns doch auch nicht viel anders.
Die Sirenen, die Durchsagen, die Kontrollen.
Das macht uns doch alle kaputt.
Die Sache mit den Büchern,
die hat Ben dann nur noch <u>den Rest gegeben</u>.
Und uns doch auch."

Die anderen nicken.
Jenny spricht weiter:
„Ein Selbstmord-Versuch ist keine Kleinigkeit.
Da kommt eins zum anderen.
Und dann ist plötzlich alles zu viel.
Und der Mensch bricht zusammen.
Deshalb muss Ben behandelt werden.
Deshalb ist er jetzt in der Nerven-Klinik.
Er soll da ja auch nicht für immer bleiben.
Sicher wird er bald wieder entlassen."

Sonja sieht in die Runde.
„Glaubt ihr daran?"

Der Schuppen

Seine Mitarbeiter packen mit an.
Zusammen mit Robert Roll schleppen sie die Bücher
in den LKW.
Ein Regal nach dem anderen räumen sie leer.
„Nicht in Müll-Säcke!", hat Roll angeordnet.
„Packt die Bücher in Kisten!
In Umzugs-Kartons.
Schreibt die Überschrift von den Regalen drauf!
Und dann ab in den LKW!"

„Wieso das alles?" fragt ein Arbeiter.
„Wird doch sowieso alles verbrannt."
„Es wird gemacht, was ich sage", ruft Roll streng.
Die Männer arbeiten schweigend weiter.
Als der Wagen voll ist,
fährt Roll damit weg.
Alleine.

„Wieso nimmt der keinen von uns mit?",
fragt einer der Männer.
„Der kann das doch nicht alles alleine ausladen."
Ein anderer Arbeiter mischt sich ein:
„Roll sagt: Die Leute aus der MVA packen mit an.
So haben wir wenigstens lange Pausen.
Denn Roll sagt, dass er länger braucht.
Wegen der Baustellen."

Zum Glück fragen die Arbeiter nicht viel, denkt Robert Roll.

Er setzt den Blinker.

Das Schild an der Kreuzung weist nach rechts, zur MVA.

Aber Roll blinkt nach links.

Eine kleine Straße führt in ein Wald-Gebiet.

Zwischen den Tannen verschwindet der LKW.

Robert Roll sammelt alte Motor-Räder.

Das ist sein Hobby.

Zur Entspannung.

Er schraubt an den Maschinen.

Dafür hat er den Schuppen gekauft.

Von einem Bauern.

Der hatte seine Trecker und Maschinen da drin.

„Läuft alles nicht mehr", hatte der Bauer gesagt.

„Kein Mensch braucht mehr Möhren oder Kartoffeln.

Das isst ja keiner mehr.

Nur noch Pommes und Chips.

Nicht mal dafür brauchen die noch Kartoffeln.

Kommt alles nur noch aus dem Drucker.

Oben Chemie rein. Knopf drücken.

Unten ausgedrucktes Essen raus.

Wenn man das noch Essen nennen kann."

Der Bauer war damals ziemlich aufgeregt.

„Ich habe versucht mitzuhalten.

Rüben und Mais habe ich dann angebaut.

Aber nicht zum Essen.

Nein, als Tier-Futter.

Tat mir in der Seele weh.

Aber jetzt kriegen die Viecher nicht mal mehr das zu fressen.

Chemie-Futter kriegen die jetzt.

Also habe ich Rüben und Mais auch aufgegeben.

Tja, die Maschinen brauche ich nicht mehr.

Und den Schuppen auch nicht."

Da hat Robert Roll den Schuppen gekauft.

Für seine Motor-Räder.

Zum Abschied hat der Bauer gesagt:

„In der Ecke steht noch ein Gabel-Stapler.

Und hinterm Schuppen sind noch Berge von Rüben.

Kannst du behalten.

Ist alles im Preis inbegriffen."

Sortieren

Vor dem Schuppen hält Roll den LKW an.
Er steigt aus.
Er öffnet die Plane.
Dann steigt er auf die Lade-Fläche.

Er liest die Aufschrift auf der ersten Kiste:
Reise-Führer.
Roll denkt nach:
Reise-Führer werden schnell zu alt.
Die Hotels ändern sich.
Die Restaurants. Die Preise.
Er schiebt die Kiste nach rechts auf die Lade-Fläche.

Auf der zweiten Kiste steht:
Sachbücher Medizin.
In der Medizin verändert sich alles noch schneller,
denkt Roll.
Auch diese Kiste schiebt er nach rechts.

Kiste drei hat die Aufschrift:
Sachbücher Computer.
Sofort schiebt Roll auch diese Kiste nach rechts.
Das ist doch alles überholt,
bevor das Buch gedruckt ist, denkt er dabei.

Bei der vierten Kiste springt Roll vom LKW.

Auf der Kiste steht: *Alte Märchen*.
Roll schließt den Schuppen auf.
Er bringt die Kiste in den Schuppen.
Auch die fünfte und die sechste Kiste.
Auf Kiste fünf steht: *Geschichte unseres Landes*.
Auf der sechsten Kiste: *Philosophie*.

Roll arbeitet in Windes-Eile.
Atemlos sichtet er eine Kiste nach der anderen.
Einige Kisten schiebt er nach rechts.
Andere bringt er in den Schuppen hinein.

In einer Ecke des Schuppens stehen
Umzugs-Kartons.
Roll hat sie mit Rüben gefüllt.
Seit Tagen schon.
Oben drauf verteilt er ein paar von den Büchern.
Zur Tarnung. So dass man denkt:
Die Kartons sind voll mit Büchern.
Mit dem Stapler bringt er die Kartons wieder
zum Wagen.

Roll sieht auf seine Uhr.
Die Zeit reicht nicht.
Er muss los.
Einige Kisten müssen dran glauben.
Das tut ihm weh.
Er kann nicht alle Bücher retten.

Aber wenigstens ein paar.

In der MVA werden die Kisten abgeladen.
Sie kommen auf Transport-Bänder.
Und sofort werden sie energetisch verwertet.
Wie sich das anhört, denkt Robert Roll.
So was können sich nur Behörden ausdenken.
Verbrannt werden die.
Die Bücher werden einfach nur verbrannt.
Roll dreht sich um und spuckt aus.

Winter

Immer wieder ist er hin und her gefahren.
Robert Roll ist stolz auf sich.
1000 Bücher konnte er retten.
Hier in den Schuppen.

Aber die Bücher fangen an zu riechen.
Es ist einfach zu feucht in diesem Schuppen.
Plötzlich kommt Roll eine Idee.
Er erinnert sich an eine Nachricht.
An eine *Daddel*-Meldung, vor längerer Zeit.

Leiter der Bibliothek will sich Leben nehmen.
Sprung aus dem Fenster ohne Glück.
Überlebt. Einweisung in Nerven-Klinik.

Der Mann konnte nicht ohne Bücher leben,
denkt Roll.
Auch er selbst kann sich ein Leben ohne Bücher
nicht vorstellen.
Seine Mutter hat ihm immer vorgelesen.
Früher, als er noch ein Kind war.
Abends hat sie ihn gewaschen.
Ihm die Zähnchen geputzt.
Und dann ist er auf ihren Schoß gekrabbelt.
Sie hat das Buch schon in der Hand gehalten.
Sie las Märchen, Geschichten und Abenteuer.

Schaurig und schön.

Warm saß er in ihren Armen.

Zusammen mit den Büchern.

Ein Lesen voller Liebe war das.

So war seine Liebe zum Lesen entstanden.

Deshalb musste er die Bücher retten.

Er, Robert Roll.

Nun will er sie noch einmal retten.

Vor Schimmel und Kälte.

Roll fährt den Gabel-Stapler aus dem Schuppen.

Kiste für Kiste hebt er auf den LKW.

In der Hoffnung, dass ihn keiner dabei sieht.

In der Hoffnung, dass da jemand ist.

In der Nerven-Klinik.

Einer, der weiß, um was es geht.

In der Nerven-Klinik

Ben Berger beobachtet Jonas.
Jonas lebt als Patient in der Klinik.
Was Jonas wohl denkt?
Ben sieht, wie er hin und her schaukelt.
Wie soll man verstehen,
was in Jonas vorgeht?
Er redet fast nie.
Nur dann, wenn er wirklich reden muss.
Wenn er *ja* oder *nein* sagen muss.
Ohne das kommt man nicht durchs Leben,
denkt Ben.
Zwei Worte, die alles entscheiden können.
Zwei Worte, von denen viel abhängen kann.
Auch die Zukunft der Menschheit.

Und plötzlich wird Ben klar:
Wir müssen *nein* sagen.
Nein zu diesem Präsidenten.
Nein zu diesem Mann,
der alles Schöne zerstört,
der uns Menschen überwacht,
der uns isoliert und uns die Freude am Leben
nimmt, weil er nur ein Ziel hat:
seine eigene Macht!
Wir müssen *nein* sagen.
Wir müssen ihn stoppen.

Aber wie?

Ben sieht wieder zu Jonas hinüber.

Jonas schaukelt und schaukelt.

Was Jonas wohl denkt ...

Bens Wunden nach dem Sturz sind verheilt.

Aber nur die Wunden seines Körpers.

Es hat lange gedauert.

Erst konnte er sich an nichts erinnern.

Aber nach und nach kommen die Gedanken wieder.

Und damit auch die Traurigkeit.

Sie geben ihm Medikamente.

Vielleicht ist er deshalb so müde?

Der Besuch des Präsidenten

„Heute steht *Haus Sonnenschein* auf dem
Programm", sagt der Berater.
„Was ist das?", fragt der Präsident.
„Die Nerven-Klinik."
„Ach du je!" Der Präsident verdreht die Augen.

Widerwillig betritt der Präsident das Gebäude.
Am Empfang sitzt eine Frau.
Auf dem Schild an ihrem Pulli steht *Hilde*.

„Guten Tag", sagt der Präsident.
„Bruno Beinlich. Ich bin für heute geladen."
„Geladen?", fragt Hilde. „Ein Gewehr?"
Dabei reißt sie groß ihre Augen auf.
„Ich bin hier eingeladen", sagt der Präsident.
„Ich besuche heute dieses Haus."
„Ach, das ist schön", sagt Hilde.
„Schön, dass du uns besuchst."
„Ich verbitte mir, dass Sie mich duzen."

Hilde sieht ihn fragend an.
„Bist du sauer?"
Der Präsident schnauft.
„Sie wissen wohl nicht, wer ich bin?"
„Bruno", sagt Hilde, „du bist Bruno."
„Ich bin der Präsident, verstehen Sie?

Der mächtigste Mann des Landes."
„Ach so", sagt Hilde und lacht.
„Hast du uns was mitgebracht?"

Der Berater schiebt den Präsidenten
am Empfang vorbei.
„Eine Patientin", sagt er entschuldigend.
„Die lassen die Patienten hier mitarbeiten."
Der Präsident schüttelt den Kopf.
„Sachen gibt es."

Jakob Hausmann kommt ihnen entgegen.
Der Leiter von *Haus Sonnenschein*.
Der Besuch gefällt ihm nicht.
Wer weiß, was der Präsident mit der Klinik vorhat.
Hausmann hat ihn nicht freiwillig eingeladen.
Der Berater Sandig hat ihm den Besuch
aufgezwungen.
Sandig will, dass der Präsident beliebter wird.
Der Präsident soll sich menschlich zeigen.
Also ein Pflichtbesuch.

„Guten Tag, Herr Präsident.
Guten Tag, Herr Sandig", sagt Jakob Hausmann.
„Ich werde Sie durch das Haus führen.
So können Sie ein paar Bewohner kennen lernen."

„Bewohner?" Der Präsident sieht Sandig fragend an.

Sandig flüstert: „So nennen sie hier die ...“
Dann tippt er mit dem Zeige-Finger an seine Stirn.
„Sie wissen schon.“
Der Präsident nickt.

Der Rund-Gang

Jakob Hausmann führt durch die Klinik.
Er hat sich einen genauen Plan gemacht:
Auf keinen Fall in Haus 3 gehen!
Dort ist Ben Berger.
Auch den Patienten Paul Claas darf der Präsident
nicht sehen.
Auf gar keinen Fall.
Viel zu gefährlich.

Um Haus 8 müssen sie einen großen Bogen machen.
In Haus 8 wohnt Jakob Hausmann selbst.
Zusammen mit einem, den er dort versteckt:
Ole Albers, den Leiter vom Museum.

Albers hatte Briefe an den Präsidenten
geschrieben.
Damals, um das Museum zu retten.
Erst hatte er sich gegen den Sende-Mast gewehrt.
Gegen einen Kontroll-Mast auf seinem Museum.
Solche Briefe waren unerwünscht.
Albers wurde ab sofort vom Geheim-Dienst
überwacht.
Und bald war ihm klar:
Sie würden ihn verhaften. Eines Tages.
Da hat er sich an Jakob Hausmann gewendet.
An seinen Schul-Freund von früher.

„Du versteckst dich am besten bei uns in der Klinik.
Da kommt keiner hin", hat Jakob gesagt.
„Dann sehen wir weiter.
Entweder musst du in ein anderes Land.
Oder warten, bis sich hier was ändert."
Albers war ihm unendlich dankbar.

Jakob Hausmann öffnet die Tür zu Haus 1.
„Darf ich Ihnen Kim vorstellen, Herr Präsident.
Kim ist ein <u>Savant</u>. Ein Wissender.
So nennt man Menschen mit einer
Insel-Begabung."

„Mit einer was?", fragt der Präsident.

„Kim kommt nicht alleine im Alltag klar", sagt
Hausmann.
„Die kleinen Dinge fallen ihm schwer.
Anziehen und Essen machen und andere Sachen.
Aber er hat eine ganz besondere Begabung:
Kim hat 12.000 Bücher gelesen.
Und er kennt sie alle auswendig."

„Dafür ist er doch noch viel zu jung", sagt Sandig.
„Nicht, wenn man ein Buch so liest wie Kim", sagt
Jakob Hausmann.
„Mit dem linken Auge liest er die linke Seite.
Mit dem rechten Auge die rechte Seite.

Und das gleichzeitig.
So schafft er eine Menge Bücher."

„Ach was!", sagt der Präsident.
„Wozu soll das gut sein?
So viel Lesen ist schädlich.
Sieht man ja, was dabei raus kommt.
Außerdem gibt es keine Bücher mehr.
Weiter!"

Jakob Hausmann führt die Besucher nach oben.
„Dies ist unser Bewohner Jonas."
Jonas hält kurz an.
Dann schaukelt er weiter.
Der Präsident wird unruhig.
„Könnten Sie bitte aufhören zu schaukeln?"
Jonas sieht auf den Fuß-Boden.
Er schaukelt schneller.
„Stopp, sage ich!", ruft der Präsident.
„Ich will mit Ihnen reden."

„Herr Präsident, Jonas kann nicht aufhören", sagt
Jakob Hausmann.
„Er ist krank.
Die Bewegung beruhigt ihn.
Er hat Schlimmes erlebt, als kleiner Junge.
Er muss sich wiegen und schaukeln.
Dann wird er ruhiger."

Die Tür geht auf.

Hilde platzt rein.

Jonas schaukelt noch wilder, hin und her.

„Hopp, hopp, hopp, hopp", ruft sie und hüpft durch den Raum.

„Die schon wieder", stöhnt der Präsident.

Jakob Hausmann lässt sich nicht stören.

„Jonas arbeitet bei uns in der Werkstatt.

Er liebt Brief-Marken.

Wenn er sie sortiert, ist er ganz ruhig.

Er mag die Bilder darauf:

Die Blumen, Flugzeuge, Landschaften, Schiffe.

Das gefällt ihm."

„Ach was!", sagt der Präsident.

„Bilder, Brief-Marken. Unfug.

Ist alles abgeschafft."

Er hat nur einen Wunsch:

Raus aus diesem Irren-Haus!

Auf dem Weg zum Ausgang singt Hilde:

„Bruno hat nix mitgebracht.

Die Tür, die wird jetzt zugemacht."

Der Fahrer schließt die Auto-Tür.

Der Präsident wischt sich den Schweiß von der Stirn.

Dann sagt er zu Sandig:

„Gebt denen Geld.
Damit die bloß da drin bleiben.
Überwachung nicht nötig.
Gefahren-Stufe gleich Null.
Meinen Fuß setze ich da nie wieder rein."

Genau das war der Plan von Jakob Hausmann.
Genau so wollte er es.

Jakob macht nicht mit

Robert Roll zieht die Plane vom LKW zu.
Frisches aus den Präsident-Shops steht darauf
geschrieben.
Darunter sind Bilder von Lebens-Mitteln:
Knabber-Chips und Süß-Getränke.
Niemand kann seine Ladung von außen sehen.
Die echte Ladung: die Bücher.

Jakob Hausmann war sofort einverstanden.
In der Klinik haben sie genug Platz.
Und für die Bewohner sind die Bücher eine schöne
Abwechslung.
So hat Roll die Bücher heimlich in die Klinik
geschafft.
Ben Berger konnte es erst nicht glauben.

Was für ein mutiger Mann, dieser Robert Roll.
Ben hat ihm auf die Schulter geklopft.
„Ungehorsam gegen den Präsidenten.
Dafür muss man ins Gefängnis.
Wussten Sie das?"
Roll nickt.
„Man darf sich nicht einschüchtern lassen.
Und ich bin ja nicht der Einzige, der sich wehrt.
Jakob Hausmann, Sie und ich,
da sind wir schon drei."

„Hausmann?", fragt Ben.

„Kann man dem denn trauen?

Der ist doch der Sohn von dem

Smartphone-Unternehmer.

Der Unternehmer, der den Präsidenten beliefert."

„Vater und Sohn sind schon lange zerstritten",

sagt Robert Roll.

„Früher hat Jakob in den Ferien bei seinem

Vater gearbeitet.

Der konnte so ein Smartphone ruckzuck selbst

zusammenbauen.

Als dann die Sache mit dem Präsidenten kam,

da ist Jakob ausgestiegen.

Die *Präsident-Smartphones* sind mit den

Kontroll-Masten verbunden.

Man kann hören, was in den Wohnungen

gesprochen wird.

Man kann sehen, was die Leute machen.

Jakob war dagegen.

Unmenschlich fand er das.

Aber sein Vater hat den Auftrag angenommen.

Gegen viel Geld.

Seitdem ist Jakob gegen seinen Vater.

Und erst recht gegen den Präsidenten."

Ben sortiert die Bücher.

Sorgfältig stellt er sie in die Regale.

So wie damals, mit Jenny, Maria, Toni und Sonja.
Hilde hat sich schon ein Buch bei ihm ausgeliehen.
Ein Buch über Hexen.
Mit dem Buch in der Hand tanzt sie
durch den Garten.
Barfuß läuft sie auf der Wiese und ruft:
„Hexen-Besen!
Wildes Lesen!"

Wie frei diese Hilde doch ist, denkt Ben Berger.
Und wie glücklich.
Vielleicht könnten wir es auch schaffen.
Er muss noch einmal an die Worte von Robert Roll
denken:
Da sind wir schon drei.
Drei gegen einen mächtigen Präsidenten?
Plötzlich kommt Berger eine Idee:
Mit Paul Claas wären wir schon vier.
Wieso bin ich darauf nicht schon früher
gekommen?

Die Begegnung

„Ihr Zustand ist wieder stabil", sagt Hausmann
zu Ben Berger.
„Es hat lange gedauert.
Aber jetzt sind Sie auch seelisch wieder fit.
Trotzdem: Ich rate Ihnen, noch hier zu bleiben.
Dasselbe wird Ihnen sicher auch dieser Mann hier
empfehlen."
Die Tür geht auf.
Ein Mann kommt rein.
„Ole!", ruft Ben.
„Ole Albers, was machst du denn hier?"
Sie fallen sich in die Arme.
„Wohl dasselbe wie du.
Mich verstecken und überleben."

Endlich kann Ben Berger über alles reden:
„Seit Monaten stand ich bei denen auf der Liste.
Bei den Behörden.
Ich habe zu viele Fragen gestellt.
Und ich habe mich zu viel gewehrt.
Dagegen, dass sie die Bibliothek schließen wollten.
Ich habe mich geweigert, meine Zeitung zu kündigen.
Ich bin weiter mit meinem eigenen Auto gefahren.
Ich habe mein altes Telefon behalten.
Ich habe die Brillen mit schöner Aussicht nicht
gekauft.

Ich habe Gemüse aus meinem Garten gegessen.

Ich habe Sport gemacht.

Alles das haben die überwacht.

Alles kontrolliert und genau notiert.

An jeder Ecke standen ihre Spitzel.

Und ich wusste, wie das enden würde:

Sie würden mich holen.

Eines Tages.

So wie dich, Ole.

Und plötzlich ist man weg.

Wie vom Erdboden verschwunden.

So wie die Menschen, die ans Meer fahren wollten.

Die nie da angekommen sind.

Und auch nie wieder bei sich zuhause.

Verschollen?

Im Gefängnis?

Tot?

Niemand weiß es.

Ich bin nicht wegen der Bücher aus dem
Fenster gesprungen.

So dumm bin ich auch wieder nicht.

Als Jenny mir den LKW am Fenster gezeigt hat,
da habe ich die Typen unten reingehen sehen.

Mir war sofort klar:

Geheim-Dienst. Jetzt holen sie dich.

Ich hatte keine andere Wahl.

Ich musste springen."

Paul Claas

Die Männer treffen sich in Haus 8.
In der Wohnung von Jakob Hausmann:
Robert Roll, Ole Albers, Ben Berger und Jakob
Hausmann.
Alle sitzen sie zusammen.

Jakob Hausmann beginnt zu sprechen:
„Wie Sie alle wissen, bin ich ausgestiegen.
Damals, aus der Firma von meinem Vater.
Ich wusste genau,
was der Präsident mit unseren Smartphones
machen würde.
Ich habe meinen Vater gewarnt.
Aber er hat nur das Geld gesehen.
Und jetzt haben wir den Überwachungs-Staat.
Alles hängt nur noch von dem Willen des
Präsidenten ab.
Aber wir können sein System angreifen."

„Wie sollen wir das anstellen?", fragt Robert Roll.

„Durch zwei Sachen, die wir hier haben", sagt
Jakob Hausmann.
„Ich kenne die Smartphones genau.
Und unser Bewohner Paul Claas ist Savant."
„So wie Kim?", fragt Ole Albers.

„Ja, aber Paul Claas hat eine ganz besondere
Begabung.
Eine, die wir jetzt dringend brauchen.
Paul Claas ist Experte:
Computer-Experte und Experte im Internet.
Er kann sich nicht alleine anziehen oder einkaufen.
Aber er kann unendlich lange Zahlen-Reihen
auswendig.
Er kann programmieren.
Er weiß alles über das Internet.
Er kennt sich auch aus mit dem verborgenen
Internet.
Das, was die meisten Menschen gar nicht kennen:
Das Dark-Net.
Das Internet, das keiner kontrollieren kann.

Paul Claas kann einfach alles rund um den Computer.
Deshalb nennen wir ihn alle nur PC.
Das gefällt ihm.
Mit seiner Begabung könnten wir alles lahmlegen.
Zusammen mit meinem Wissen über die
Präsident-Smartphones.
Wir müssen das *Präsident-Net* knacken.
Wir müssen mit Hilfe von PC die Kontrolle
übernehmen.
Aber erst sollten wir sie nervös machen."

„Wen?" fragt Berger. „Die Berater vom Präsidenten?"

„Ja", antwortet Jakob Hausmann.
„Und die Minister und den Geheim-Dienst.
Wir fangen erst klein an.
Und dann sehen wir weiter."

„Ich bin gespannt", sagt Ole Albers.
„Hoffentlich geht das gut ..."

Der Satz

PC tippt einen Satz ein:
Wehrt euch gegen den Präsidenten!

Eine Minute lang erscheint dieser Satz.
Auf allen Brillen mit schöner Aussicht.
Auf allen *Präsident-Smartphones*.
Im *Präsident-Heimkino*.
Und auf allen Leucht-Bildern über der Stadt.
Eine Minute lang ist dort zu lesen:
Wehrt euch gegen den Präsidenten!
Dann ist der Spuk plötzlich wieder vorbei.

„Unbefugtes Eingreifen in die Politik ist das!"
In der Partei-Zentrale herrscht Chaos.
Der Präsident ist wütend.
„Sofort ausfindig machen!"
So lautet der Befehl an den Geheim-Dienst.
„Sofort außer Gefecht setzen!", schreit ein Minister
ins Telefon.
„Umgehend berichten, wenn Feind ermittelt ist!"
Alle rennen auseinander.
Aber wohin, das weiß keiner so richtig.

„Habt ihr das mitbekommen?"
Jenny telefoniert sofort mit Maria, Sonja und Toni.
Alle haben es mitbekommen.

Und alle sind aufgeregt.
Die ersten Leute gehen schon auf die Straßen.
Alle reden durcheinander.
„Haben Sie das auch gesehen?"
„Was war das?"
„Vor allem: Wer war das?"

„Gut gemacht, Paul!"
Alle klopfen PC auf die Schulter.
Alle im *Haus Sonnenschein*.

Vorbei

„Over!", sagt PC.

„Over? Was ist das?", fragt Hilde neugierig.

Jonas hört sofort auf zu schaukeln.

Kim sagt: „*Over* ist Englisch und heißt *vorbei*.

Das Wort *vorbei* kommt in allen 12.000 Büchern vor.

In 8.000 Büchern kommt das Wort

mehr als 100 Mal vor.

In 3.000 Büchern auf jeder vierten Seite

mindestens einmal.

Das waren die Liebes-Romane."

„Hey, Kim", sagt Hilde.

„Du sollst uns hier nicht mit Zahlen vollquatschen.

Ich will wissen, was PC gemacht hat.

Was hast du *over* gemacht, PC?"

PC redet eigentlich nicht gerne.

Aber jetzt sagt er: „Wir haben ihn ausgeschaltet."

„Aus und an", sagt Hilde, klatscht in die Hände und ruft:

„Bitte. Danke. Puff, die Luft!"

Jonas schaukelt im Rhythmus dazu.

Plötzlich bleibt Hilde stehen.

„Was hast du ausgeschaltet, PC?"

PC sieht sie ungeduldig an: „Na, den PC."
„Aber der läuft doch noch", sagt sie.
„Ja", brummt PC.
„Aber nur noch meiner."

Alle sehen ihn bewundernd an.
PC kann eingreifen.
In das große Netz.
Er kann die Sender manipulieren.
Die Kontroll-Türme. Das *Präsident-Net*.
Er kann den anderen den Saft wegnehmen.
Allen anderen.
Er kann einschalten.
Er kann ausschalten.
So wie er will.

Auf dem Weg in die Küche singt Hilde:
„Aus, an. An, aus.
Nur noch meiner.
Und sonst keiner."

Unruhe

Der Präsident daddelt nicht mehr.
Nichts. Keine Nachrichten vom Präsidenten.
In der Partei-Zentrale ist es unruhig.
„Es gibt eine Information vom Geheim-Dienst.
Sie können den Präsidenten nicht mehr orten.
Sie haben eine Gefahren-Stufe ausgerufen.
Gefahren-Stufe 8 von 10!
Was sollen wir tun?"

Der Minister sieht seine Mitarbeiter an.
Alle schauen auf ihre Smartphones.
So, wie sie es immer tun.
Aber da gibt es nichts zu schauen.
Nichts zu sehen und nichts zu hören.

Die Bild-Schirme bleiben schwarz.
Die Mitarbeiter tippen und wischen darüber.
Aber da gibt es nichts zu tippen
und nichts zu wischen.
„Die Geräte sind tot", sagt einer.
Alle sehen sich entgeistert an.

„Die *Präsident*-Brillen funktionieren
auch nicht mehr", sagt einer.
„Die Filme sind weg.
Auch die Kontroll-Filme."

„Alarm-Stufe 9!", schreit einer vom Geheim-Dienst.
„Nicht mal anrufen kann man mehr."

„Fahren Sie rüber zum Präsidium", ordnet ein
Minister an.
„Finden Sie den Präsidenten!"
Sandig stürzt die Treppe hinunter.
Der Aufzug geht nicht mehr.

Atemlos steht Sandig vor dem *Präsident-Auto*.
Er hält sein Smartphone an die Tür.
Aber die Tür geht nicht auf.
„Auf!", ruft er.
Aber auch die Sprach-Steuerung funktioniert nicht.
Alles läuft über das *Präsident-Net*.
Und das liefert keine Daten mehr.
Das Netz ist tot.
Sandig wischt sich den Schweiß von der Stirn.
„Eine Katastrophe", stöhnt er.
„Dies ist eine einzige Katastrophe."

Jenny

Jenny langweilt sich ohne Arbeit.
Es macht auch keinen Spaß mehr,
nach draußen zu gehen.
Läden gibt es nicht mehr.
Kinos und Theater sind geschlossen.
Die Schwimmbäder auch.
Cafés und Kneipen sind fast leer.
Die Menschen bleiben zuhause.
Das ganze Leben hat sich in die vier Wände
verkrochen.

Manchmal telefoniert Jenny noch mit den anderen.
Mit Maria, Sonja und Toni.
Aber es gibt nicht mehr viel zu reden.
Man redet über einen Film vom *Präsident-Heimkino*.
Oder über die neuen *Präsident-Spiele*.
Jede Woche lässt der Präsident die Bürger mit
neuen Spielen versorgen.
Jenny surft fast den ganzen Tag im *Präsident-Net*.
Auch heute. Es ist bald Mittag.
Jenny sitzt noch im Schlaf-Anzug auf dem Sofa.
Sie geht online einkaufen, im *Präsident-Shop*.

Hühnchen könnte ich mal wieder essen, denkt sie.
Dabei scrollt sie nach unten, in die
Geflügel-Abteilung.

„Error! Fehler! Error! Feh …“, tönt es aus dem Smartphone.
Und plötzlich versagt die Stimme von Iris.

Iris ist Jennys digitale Assistentin.
Besser gesagt, sie war es.
Denn Iris redet nicht mehr.
„Iris!“, ruft Jenny ins Smartphone. „Iris!“
Nichts. Iris hat ihren digitalen Geist aufgegeben.
Und jetzt ist auch der Bildschirm schwarz.

Jenny geht zum *Präsident-Heimkino*.
Sie ruft: „An!“
Aber auch das funktioniert nicht.

Vielleicht ist die Sicherung rausgeflogen,
denkt Jenny.
Vielleicht ist ja kein Strom da.

Als sie in den Keller zum Strom-Kasten geht,
stehen schon ihre Nachbarn im Flur.
„Nein, es liegt nicht am Strom“, sagt einer.
„Alle Sicherungen sind in Ordnung.
Aber wir haben kein *Präsident-Net* mehr.“
„Was, wieso, das geht doch nicht.“
Alle reden durcheinander.
„Vielleicht nur ein kurzer Aussetzer“,
versucht einer die anderen zu beruhigen.

„Kurzer Aussetzer?" Eine Frau ist empört.
„Meine Waschmaschine läuft nicht mehr.
Und ohne Smartphone kriege ich die Tür nicht auf."
„Ihre Wäsche ist mir egal", sagt eine andere Frau.
„Ich habe das Essen im Ofen.
Wie soll jetzt wohl der Herd angehen?"
„Wir müssen was tun.
Hilfe rufen. Nachfragen."

„Ja, aber wie?", fragt Jenny.
„Wie soll das gehen ohne Smartphone?
Ohne *Präsident-Net*.
Und die Autos fahren ja auch nicht.
Jetzt sitzen wir so richtig schön in der Falle."

Alle sehen sich an.
„Und was jetzt?"
„Der Präsident wird schon eine Lösung finden",
sagt einer.
Aber er sagt es ziemlich leise.
Alle schweigen.

Die Katastrophe

Sonja geht in den Keller.
Aus einem alten Koffer holt sie ihr Tage-Buch.
Ihr Tage-Buch von früher.
Sie spitzt ihren Bleistift an.
Dann beginnt sie zu schreiben:

Von Tag zu Tag wird es schlimmer.
Schon am ersten Tag war es unangenehm.
Aber jetzt ist allen klar:
Eine Katastrophe ist das!
Wir können nichts einkaufen.
Bäcker und Metzger haben schon lange
geschlossen.
Einen Lebensmittel-Laden gibt es auch nicht mehr.
Wegen der *Präsident-Shops*.
Selbst wenn die Geschäfte noch da wären,
könnten wir nichts einkaufen.
Wir haben kein Geld.
Wir kommen gar nicht dran, an unser Geld.
Ohne *Präsident-Net* läuft nichts.
Keine Online-Geschäfte.
Kein Geld von den Banken.
Wie sollen wir bezahlen?
Wie sollen wir einkaufen?

Nichts funktioniert mehr.

Die Geräte gehen nicht mehr an
oder nicht mehr aus.
Die Leute kommen nicht mehr rein ins Haus
oder nicht mehr raus.
Kein *Präsident-Heimkino* und keine Brillen mit
schöner Aussicht mehr.
Keine Daddel-Nachrichten.
Niemand weiß, was hier eigentlich passiert.
Es ist vorbei: Kein Brot und keine Spiele mehr.
Die Kinder heulen.
Die Erwachsenen sind wütend.
„Der Präsident ist ein Betrüger", schreit einer
aus dem Fenster.

Wenn ich dieses Tage-Buch nicht hätte, schreibt
Jenny, dann würde ich verrückt.

Die Botschaft

Die Berater treffen sich heimlich.
Mit den Ministern und mit dem Geheim-Dienst.
Aber ohne den Präsidenten.

Ein Mann vom Geheim-Dienst beginnt zu sprechen:
„Überall kommen jetzt die Leute aus den Häusern.
Sie gehen auf die Straßen.
Und sie machen, was sie wollen.
Aus den Kellern holen sie alte Sachen:
Schreibmaschinen. Papier. Bleistifte.
Alte Handys und Spiele.
Andere hatten Gemüse im Garten.
Heimlich, natürlich.
Und jetzt handeln sie damit.
Auf einem Markt."

„Auf einem Markt?", fragt ein Minister entsetzt.
„Märkte sind das Schlimmste, was es gibt.
Märkte sind ein Graus für den Präsidenten."
„Ja", sagt Sandig, „aber noch schlimmer ist,
dass die Leute jetzt wieder zusammenkommen."

Plötzlich blinkt es auf, in Sandigs Brille.
Wie soll das gehen?
Das Netz ist doch tot.
Sandig starrt weiter nach oben rechts in die Brille.

Dahin, wo sonst die Filme zu sehen sind.
Die Filme mit schöner Aussicht.

„Eine Botschaft!", ruft er.
Alle starren ihn an.
Sandig liest vor:
„Frei-Schaltung nur gegen neue Regierung.
Der Präsident muss weg!
Dann gibt es wieder Internet."

Sandig und die anderen werden blass.
„Das war zu erwarten", sagt einer vom
Geheim-Dienst.
„Der Präsident hat es einfach zu weit getrieben.
Sogar seine eigenen Minister sind gegen ihn."

„Also?", fragt Sandig in die Runde.
„Absägen?"
Alle nicken.
„Wer übernimmt das?", fragt Sandig.
Alle Minister erheben ihre Hände.
Auch die Leute vom Geheim-Dienst und die Berater.
Auch Sandig.

Endlich

Auf Fahrrädern wird die Nachricht verbreitet.
Boten verteilen Flug-Blätter auf den Straßen:

Der Präsident ist zurückgetreten.
Neu-Wahlen im September.
Die Demokratie braucht ihre Bürger.
Tun Sie alles für Ihre Demokratie!
Kommen Sie zur Wahl im September!

Mit dem Flug-Blatt in der Hand läuft Hilde zu Haus 8.
Da sitzen sie alle beieinander:
PC, Ben Berger, Jakob Hausmann, Ole Albers, Jonas,
Kim und Robert Roll.

„Jetzt haut es auf die Pauke!", ruft Hilde.
Dabei wedelt sie mit dem Papier in der Hand.
Jonas schaukelt, so schnell er nur kann.

Ben Berger liest das Flug-Blatt vor.
Beim Lesen steigen ihm die Tränen in die Augen.
Ole Albers steht auf und nimmt ihn in den Arm.
„Endlich wieder frei!", sagt er.

„*Frei* kommt in allen 12.000 Büchern mindestens
einmal vor", sagt Kim.
Sofort unterbricht ihn Hilde.

„Pauken-Schlag und Donner-Knall,
im September ist die Wahl."

„Und jetzt?", fragt PC.
„Wie geht es hier weiter?"
Jakob Hausmann geht zu ihm.
Er legt ihm seine Hand auf die Schulter.
„Du kannst jetzt freischalten.
Aber nur das,
was nicht *Präsident* heißt."

PC grinst.
Er drückt die Taste.
Die Taste oben links.
Escape!
Abbrechen!
Aussteigen!
„Schon erledigt", sagt PC.

Über Marion Döbert

Marion Döbert wird 1956 in Essen geboren.
Sie studiert an der Universität in Siegen.
Dort macht sie ihr Diplom in
Erziehungs-Wissenschaften.
Und arbeitet dann drei Jahre an der Universität.

Danach unterrichtet sie an der Volks-Hochschule
in Bielefeld Erwachsene in Lesen und Schreiben.
Sie wird dort Fachbereichs-Leiterin für
Alphabetisierung und Gesundheit.

Mit anderen zusammen gründet sie den
Bundesverband Alphabetisierung und
Grundbildung e.V.
Der Verband setzt sich für die Interessen von
Menschen ein, die Probleme mit dem Lesen
und Schreiben haben.
Marion Döbert ist über zehn Jahre im Vorstand
des Vereins.

Sie hält Vorträge und schreibt Artikel für Bücher
und Zeitschriften.
Sie spricht in Radio- und Fernseh-Sendungen.
Denn viele Menschen sollen erfahren:
Es gibt über 7 Millionen Erwachsene in Deutschland,
die nicht ausreichend lesen und schreiben können.

Für ihren Einsatz erhält Marion Döbert 2003 das
Bundes-Verdienst-Kreuz am Bande.
2011 wird sie zur *Botschafterin für Alphabetisierung und Grundbildung* ausgezeichnet.

Seit 2013 ist Marion Döbert Autorin beim
Spaß am Lesen Verlag.
Für den Verlag schreibt sie bekannte Bücher, Filme
und Dreh-Bücher um in *Einfache Sprache*. Bisher
sind von ihr erschienen:
*Das Wunder von Bern, Der alte König in seinem Exil,
Im Westen nichts Neues, Sophie Scholl – Die letzten
Tage, Das Labyrinth der Wörter, Die fetten Jahre sind
vorbei, Im Juli* und *Meinen Hass bekommt ihr nicht.*
Eigene Romane in *Einfacher Sprache* sind:
*Papierkind, Rosa Meer, Ein Sommer in Tanum,
Zum Nachtisch: Leben!, Du wolltest doch ...*
und *Wildes Lesen.*

Wörter-Liste

Seite 9: rechte Hand sein
Person, die viel kann und eine andere Person
bei der Arbeit unterstützt

Seite 10: Ungetüm
riesiger Gegenstand oder riesiges Lebewesen;
wirkt bedrohlich

Seite 13: Sortiment
das gesamte Angebot einer Ware

Seite 14: Unter-Ton
etwas, was nicht direkt gesagt wird; der Ton der
Stimme verrät mehr, als tatsächlich gesagt wird.

Seite 18: Asbest
Bau-Stoff, der aus vielen Fasern besteht; die
einzelnen Fasern sind stark krebserregend, wenn
sie in die Lunge kommen; seit 1993 in Deutschland
verboten

Seite 19: Brot und Spiele
Politiker im alten Rom geben Getreide (Brot)
kostenlos an das Volk ab. Sie veranstalten auch
kostenlose Zirkus-Spiele (Massen-Unterhaltung).
Beides soll das Volk davon abhalten, die Politik zu

kritisieren. Mit Brot und Spielen wollten sich die Macht-Haber beliebt machen und Wähler-Stimmen bekommen.

Seite 20: Schleuder-Preis
Billig-Preis; unter dem eigentlichen Wert der Ware

Seite 21: stilles Kämmerlein
Begriff aus der Bibel: Beten als ein stilles, privates Gespräch mit Gott; Rückzug aus der Öffentlichkeit; ungestörter Ort

Seite 24: Masern
sehr ansteckende (Kinder-)Krankheit; rote Flecken am ganzen Körper und hohes Fieber; muss beim Gesundheits-Amt gemeldet werden

Seite 26: gedrückt
keine gute Stimmung; besorgt sein

Seite 27: Lese-Ratte
bildlich: Person, die gerne und viel liest; anderes Wort: Bücher-Wurm; gierig nach Büchern sein

Seite 28: Shop
englisch: Geschäft, Laden

Seite 29: Projektor

Gerät, mit dem Bilder auf eine Wand oder Leinwand aufgeblendet werden

Seite 29: Netz-Haut

Haut im Auge; besteht aus Nerven-Zellen; leitet Bilder an das Gehirn weiter

Seite 29: Logo

Marken-Zeichen; typisches Bild oder Zeichen für eine Firma; Beispiel: der angebissene Apfel für die Firma *Apple* oder die Buchstaben DB für Deutsche Bahn

Seite 32: aus allen Wolken fallen

entsetzt sein; völlig überrascht sein

Seite 33: antik

sehr alt und wertvoll

Seite 35: Idiot

Alltags-Sprache: seelisch krank; abwertendes Wort

Seite 39: eingravieren

Bilder oder Buchstaben werden in Metall, Holz, Stein oder Glas eingeritzt oder eingeschnitten.

Seite 41: online
über das Internet; im Internet

Seite 42: Fels in der Brandung
nicht zu erschüttern, fest, zuverlässig;
Redens-Art aus der Bibel

Seite 42: Katastrophe
schrecklicher Vorfall mit schlimmen Folgen

Seite 42: Skype
telefonieren über das Internet; man kann sich dabei
gegenseitig auf dem Bildschirm sehen

Seite 44: Net
englisch: Netz; Internet

Seite 46: daddeln
Alltags-Sprache: am Automaten spielen;
ständig etwas auf dem Smartphone nachsehen
oder eintippen

Seite 47: digital
Begriff aus der Computer-Welt: mit Zahlen
dargestellt; Gegenteil: analog.
Der Begriff kommt von dem lateinischen Wort
für „Finger". Mit den Fingern kann man zählen.
Digitale Informationen sind abzählbar.

Beispiel: Auf einer analogen Uhr geht der Zeiger mit der Zeit. Auf einer digitalen Uhr sieht man nur Zahlen, die wie in einem Sprung umklappen.

Seite 49: Fratze
hässliches Gesicht

Seite 54: Köttel
Alltags-Sprache: kleine Kot-Haufen

Seite 54: ausrotten
mit Gewalt beseitigen

Seite 55: Schwein haben
Alltags-Sprache: Glück haben

Seite 55: Anstalt
Alltags-Sprache: öffentliche Einrichtung, zum Beispiel für Erziehung oder Pflege; abwertendes Wort

Seite 55: Klapse
Alltags-Sprache: Klinik für seelisch Kranke; abwertendes Wort

Seite 55: Irre
abwertendes Wort für eine seelisch kranke Person

Seite 55: Kurz-Schluss

schock-artige Handlung eines Menschen;
eigentliche Bedeutung: Bei einem Kurz-Schluss
fließt sehr viel Strom. Es wird sehr heiß.
Die Sicherungen springen deshalb raus.

Seite 56: den Rest geben

der letzte Auslöser, der jemanden verzweifeln lässt

Seite 60: Plane

Abdeckung aus Plastik

Seite 61: Philosophie

Wissenschaft von der Frage nach dem Sinn des
Lebens

Seite 61: Windes-Eile

so schnell wie der Wind

Seite 62: energetisch verwerten

Begriff aus der Abfall- Wirtschaft: verbrennen

Seite 71: Savant

französisch: Wissender; Gelehrter
Mensch mit einer geistigen Behinderung,
der aber gleichzeitig in einem einzigen Bereich
hoch-begabt ist

Seite 76: ruckzuck

sehr schnell

Seite 79: Spitzel

jemand, der andere heimlich überwacht und verrät

Seite 81: Dark-Net

englisch: dunkles Netz; Internet, das nicht öffentlich
zugänglich ist, nur für eingeweihte Personen;
kann nicht überwacht werden

Seite 83: Spuk

ein geheimnisvoller Vorgang; nicht erklärbar

Seite 83: Chaos

sehr großes Durcheinander

Seite 86: manipulieren

beeinflussen; verändern; eingreifen

Seite 89: surfen

hier: im Internet etwas suchen; sich alles Mögliche im
Internet ansehen

Seite 89: scrollen

sich mit der Computer-Maus oder mit Tasten auf
einem Bild-Schirm nach oben oder unten bewegen

Seite 90: Assistentin
Helferin; Unterstützung

Seite 92: Tage-Buch
Buch, in das man schreibt, was man erlebt und fühlt

Seite 94: Graus
Schrecken; Furcht

Seite 95: absägen
bildlich: den Ast absägen, auf dem jemand sitzt;
hier: den Präsidenten aus dem Amt vertreiben

Tschick

Kurzfassung in Einfacher Sprache

Nach dem Roman von Wolfgang Herrndorf.

WOLFGANG HERRNDORF
Kurzfassung in Einfacher Sprache

TSCHICK

Spaß am Lesen Verlag

Umfang: 64 Seiten

ISBN: 978-3-944668-03-1

Der Roman erzählt von Freundschaft, Abenteuer, der ersten Liebe und dem Erwachsenwerden.

Die Ausreißer Maik und Tschick fahren mit einem gestohlenen Auto kreuz und quer durch Deutschland. Und das ohne Führerschein, denn beide sind erst 14 Jahre alt. Unterwegs treffen sie sonderbare Leute und erleben unglaubliche Abenteuer.

Die freche, jugendliche Sprache aus dem Original-Buch wurde übernommen. Sie wurde in Einfache Sprache übertragen. Auch ungeübte Leser bekommen dadurch schnell einen Zugang zu der Geschichte.

Über ein Jahr lang stand der Kult-Roman *Tschick* auf den deutschen Bestseller-Listen. Inzwischen gibt es die Geschichte auch als erfolgreichen Kinofilm und sogar als Musical.